돼지학교에 오신 것을 환영합니다!

백명식 글·그림

강화에서 태어나 서양화를 전공했습니다. 출판사 편집장을 지냈으며, 다양한 분야의 책과 사보, 잡지 등에 그림을 그리고 있습니다. 특히 어린이들이 좋아하는 책을 쓰고 그릴 때 가장 행복하다고 합니다. 그린 책으로는 《WHAT 왓? 자연과학편》《책 읽는 도깨비》《자연을 먹어요 시리즈》 등이 있으며, 쓰고 그린 책으로는 《인체과학 그림책 시리즈》《돼지학교 과학 시리즈》《저학년 스팀 스쿨 시리즈》 등이 있습니다. 소년한국일보 우수도서 일러스트상, 중앙광고대상, 서울일러스트상을 받았습니다.

이정 감수

초등수학교육과를 졸업하고, 현재 서울대광초등학교에서 아이들을 가르치고 있습니다. 2009, 2007 개정 수학교과서 집필위원으로 참여했으며 교육청 영재교육원과 지역공동 영재학급, 서울교대 부설 영재교육원에서 강의하고 있습니다. 전국수학교사모임 초등부 국장을 맡고 있습니다.

전국수학교사모임(The Korean Society of Teachers of Mathematics) 추천
수학 교육의 발전과 수학의 대중화를 목적으로 결성된 수학 교사들의 연구 단체입니다. 수학 교육의 발전과 전망을 위해 연구하고 자료를 개발합니다. 수학 교육이 나아갈 길을 찾고 아이들과 함께하는 수학 수업이 되도록 꾸준히 연구하고 있습니다.

돼지학교 수학 2

피라미드에 들어간 돼지

백명식 글·그림 | 이정(전국수학교사모임) 감수

초판 발행일 2015년 5월 12일 | **제2쇄 발행일** 2023년 5월 31일
펴낸이 조기룡 | **펴낸곳** 내인생의책 | **등록번호** 제10호-2315호
주소 서울시 서초구 나루터로 70, 엠피스센터 212-1호(잠원동, 영서빌딩)
전화 (02)335-0449, 335-0445(편집) | **팩스** (02)6499-1165
전자우편 bookinmylife@naver.com | **홈카페** http://cafe.naver.com/thebookinmylife
편집장 이은아 | **편집1팀** 조정우 이다겸 이지연 김예지 | **편집2팀** 박호진 이동원
디자인 안나영 김지혜 | **경영지원** 김지연 김정삼

ISBN 979-11-5723-164-5 (74410)
ISBN 979-11-5723-135-5 (세트)

ⓒ 백명식, 2015

책값은 뒤표지에 있습니다.
잘못된 책은 구입처에서 바꾸어 드립니다.

이 도서의 국립중앙도서관 출판시도서목록(CIP)은 e-CIP홈페이지(http://www.nl.go.kr/ecip)와
국가자료공동목록시스템(http://www.nl.go.kr/kolisnet)에서 이용하실 수 있습니다. (CIP제어번호: CIP2015011853)

돼지학교 수학 2

피라미드에 들어간 돼지

고대 숫자

백명식 글·그림 | 이정(전국수학교사모임) 감수

내인생의책

"그래, 고대로 가면 마왕의 수수께끼를 풀 수 있을지도 몰라."
어스가 맞장구를 쳤어.
"하지만 무턱대고 어디로 가지? 모래밭에서 바늘을 찾는 격일 텐데."
꾸리 말에 큐리가 화면을 가리키며 말했어.
"저기서부터 시작하면 되지."
"이집트?"
도니가 되묻자 큐리가 고개를 끄덕였어.
"먼저 이집트로 시간 여행을 떠나자!"
돼지 삼총사와 친구들이 입을 모아 외쳤어.

뚜띠빠 빠빠라.
큐빅이 빙빙 돌기 시작했어.
"어이쿠."
돼지 삼총사는 엉덩방아를 찧으며 모래 위에 떨어졌어.
사막 한가운데 솟은 피라미드가 보였어.
"우아! 피라미드야. 이집트로 왔나 봐."

목말라..

저 아저씨가 물을 가지고 있지 않을까?

"가까이 가 보자."
돼지 삼총사와 친구들은 피라미드를 향해 걸어갔어.
"아, 목말라. 물 한 모금만 마셨으면."
타는 듯한 갈증을 느끼고 있는데 투벅, 투벅, 투벅,
낙타를 탄 사람이 다가와 물병을 내밀었어.
"이런 곳에서 맨몸으로 여행하다간 더위 먹기 십상이란다."
"고맙습니다. 아저씨는 누구세요?"
"나는 아메스란다. 토지를 측량하고 있지.
나일강이 또 넘쳐서 물바다가 될지 모르니까 말이다."
"앗! 아메스 서기관이라고요?"
책에서 아메스의 이름을 보았던 큐리가 소리쳤어.

꿀꿀 더 알아보기

신비한 고대 유적, 피라미드

피라미드는 고대 이집트의 건축물로, 놀랍도록 정밀한 계산과 기술로 지어졌어요. 당시 이집트 사람들이 어떻게 무거운 돌을 옮겨 거대한 피라미드를 지을 수 있었는지는 아직도 수수께끼로 남아 있지요. 피라미드는 신전 또는 왕의 무덤으로 사용되었을 것이라고 추정되고 있어요.

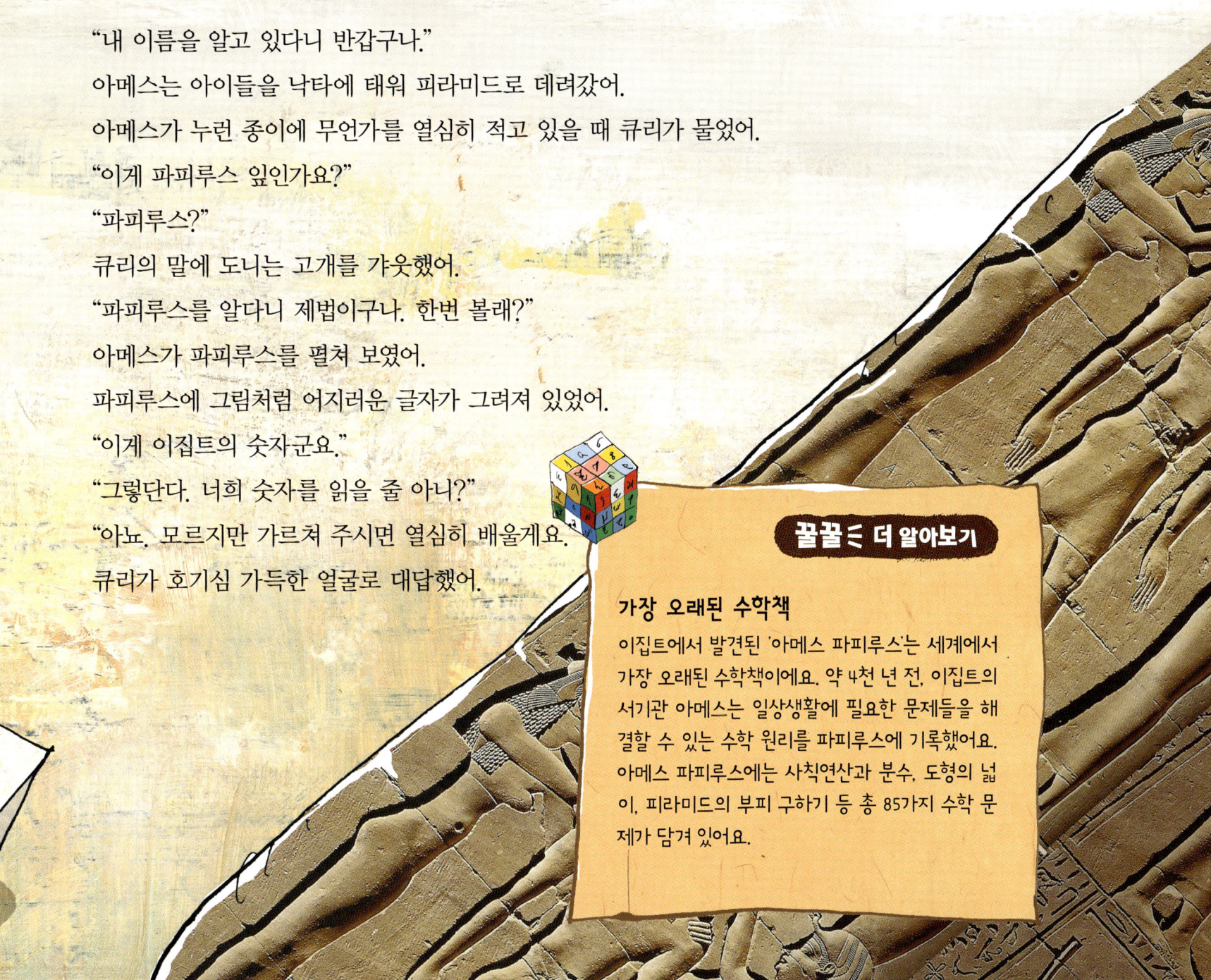

"내 이름을 알고 있다니 반갑구나."
아메스는 아이들을 낙타에 태워 피라미드로 데려갔어.
아메스가 누런 종이에 무언가를 열심히 적고 있을 때 큐리가 물었어.
"이게 파피루스 잎인가요?"
"파피루스?"
큐리의 말에 도니는 고개를 갸웃했어.
"파피루스를 알다니 제법이구나. 한번 볼래?"
아메스가 파피루스를 펼쳐 보였어.
파피루스에 그림처럼 어지러운 글자가 그려져 있었어.
"이게 이집트의 숫자군요."
"그렇단다. 너희 숫자를 읽을 줄 아니?"
"아뇨. 모르지만 가르쳐 주시면 열심히 배울게요."
큐리가 호기심 가득한 얼굴로 대답했어.

꿀꿀~ 더 알아보기

가장 오래된 수학책

이집트에서 발견된 '아메스 파피루스'는 세계에서 가장 오래된 수학책이에요. 약 4천 년 전, 이집트의 서기관 아메스는 일상생활에 필요한 문제들을 해결할 수 있는 수학 원리를 파피루스에 기록했어요. 아메스 파피루스에는 사칙연산과 분수, 도형의 넓이, 피라미드의 부피 구하기 등 총 85가지 수학 문제가 담겨 있어요.

"위대한 파라오님, 손님이 찾아왔습니다."
아메스는 삼총사와 친구들을 데리고 이집트 왕에게 인사를 올렸어.
"수학을 공부하는 친구들인데 매우 뛰어납니다."
"너희도 탈레스처럼 유학생인 모양이구나.
마침 탈레스가 와 있으니, 탈레스를 따라 가 보거라."
늠름하고 위엄 있는 왕이 말했어.

고대 이집트는 수학이 발달해 그리스나 로마에서 공부하러 오는 사람이 많았어.
"네 알겠습니다!"
돼지 삼총사와 친구들이 다 함께 대답했어.
"탈레스, 그리스로 가기 전에 부탁이 있네. 대피라미드의 높이를 구해 주게."
왕의 명령을 받은 탈레스와 삼총사는 대피라미드로 향했어.

탈레스와 함께 피라미드의 높이를 구하러 가 보거라.

꿀꿀~ 더 알아보기

그리스 수학자 탈레스

탈레스는 고대 그리스의 위대한 수학자이자 철학자였어요. 이집트와 바빌로니아 등을 오가며 수학과 천문학을 공부했어요. 그림자를 이용해 거대한 피라미드의 높이를 계산하는 법을 알아내기도 했어요. 탈레스는 피타고라스의 스승이었어요. 탈레스의 수제자 피타고라스 역시 30여 년간 이집트와 바빌로니아를 돌아다니며 수학과 천문학을 공부했어요.

지팡이 그림자의 길이가 지팡이의 높이와 같아지자 탈레스가 말했어.

"자, 지금 피라미드의 중심에서부터 그림자 끝까지의 길이를 재면 그것이 바로 피라미드의 높이입니다."

"오! 그렇게 쉬운 방법이 있었다니!"

사람들은 닮음비로 피라미드의 높이를 쉽게 구한 탈레스의 지혜에 감탄했어. 탈레스의 명성은 온 나라에 퍼져 이웃 나라까지 그를 모르는 사람이 없었어.

나는 피라미드를 보면서 '피타고라스의 정리'를 생각해 냈지.

서로 닮은 두 도형은 각 변의 길이 비율이 같다는 말씀!

피타고라스

삼각형의 닮음비 법칙

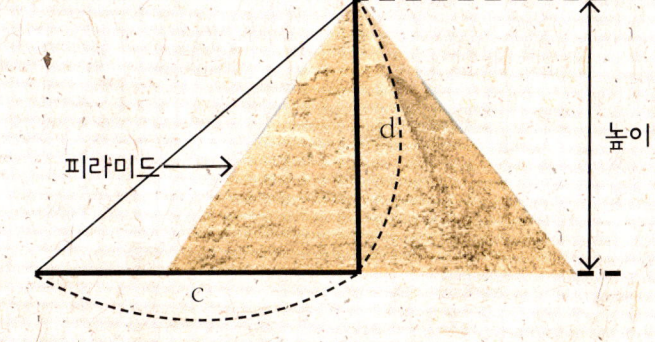

지팡이, b, a, 피라미드, c, d, 높이

a와 b의 길이가 같다면 c와 d의 길이도 같다.

꿀꿀 더 알아보기

모양이 같은 두 도형은 크기가 달라져도 같은 도형이라고 할 수 있어요. 이것은 '닮은꼴'이라고 해요. 닮은꼴 관계에 있는 도형은 대응하는 두 선분의 비가 같아요. 이것을 '닮음비'라고 하지요. 지팡이로 만든 삼각형의 밑변과 높이의 길이가 같다면 피라미드로 만든 삼각형의 밑변과 높이의 길이도 같아요. 이렇게 닮음비를 이용하면 아무리 높은 건물이라도 높이를 알아낼 수 있지요.

탈레스는 나귀의 등에 소금을 싣고 팔러 다녔어.
그런데 꾀 많은 나귀가 일부러 물에서 넘어져 소금을 녹게 만들었어.
"나귀가 꾀를 부려 큰일이로군."
탈레스는 고민에 빠졌어.
그 이야기를 들은 데이지가 탈레스를 도와주었어.
"아저씨, 오늘은 나귀 등에 소금 대신 솜을 실어 보세요."
그러자 물가에서 넘어진 나귀는 혼쭐이 났어.
소금과 달리 솜은 젖으면 훨씬 더 무거워졌거든.

그리스의 알파벳이기도 해.

1 = α (알파)
2 = β (베타)
3 = γ (감마)

영어 필기체 같이 생겼네.

애고, 무거워라.

꿀꿀 더 알아보기

그리스 숫자

처음에는 수를 나타내는 알파벳 첫 글자를 이용한 숫자를 사용했어요. 이것이 로마로 건너가 로마 숫자가 되었지요. 기원전 4세기 이후에는 다른 숫자를 사용하기 시작했어요. 우리가 알고 있는 α (알파, alpha), β (베타, beta), γ (감마, gamma)가 그것이에요.

돼지 삼총사와 친구들은 그리스 옆에 있는 로마로 여행을 갔어.
로마도 그리스처럼 다양한 신을 섬기는 나라였어.
길거리에서 자라는 포도나무 한 그루에도 신이 있다고 믿었지.
돼지 삼총사와 친구들은 로마의 학교를 지나게 됐어.
"저게 뭐지? 어디서 많이 본 것 같은데."
한 소년이 줄이 그어진 널빤지 위에 돌을 놓고 있었어.
"앗, 주판이다! 시골 할아버지 댁에서 봤어."
"맞아. 우리 할머니도 어렸을 때 주산 학원에 다니셨대."
큐리와 어스는 신기한 듯 돌을 놓으며 셈하는 모습을 지켜보았어.

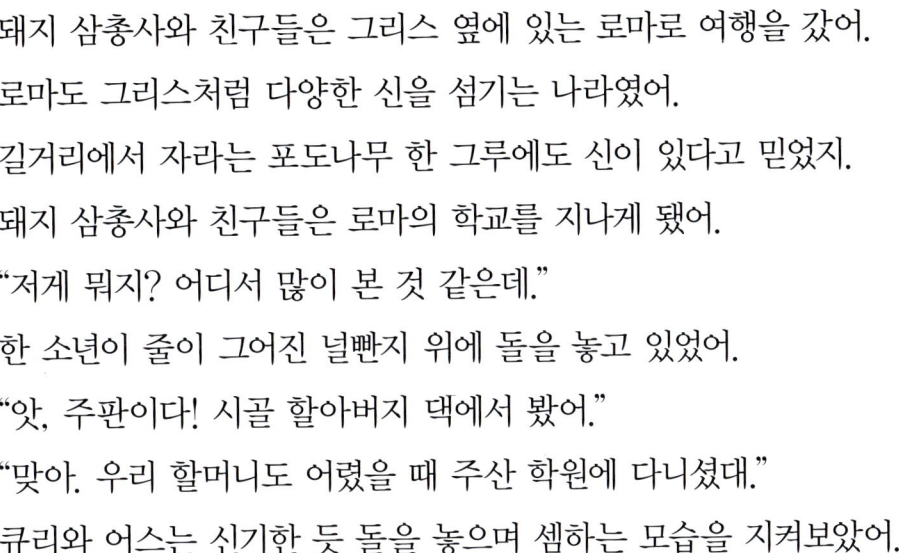

꿀꿀 ≶ 더 알아보기

가장 오래된 계산기, 주판

인류 역사상 가장 오래된 계산기는 주판이라고 할 수 있어요. 주판을 사용해 계산하는 것을 주산이라고 하지요. 고대 중국과 로마 등 세계 곳곳에서 사용되었어요. 덧셈, 뺄셈, 곱셈, 나눗셈을 할 수 있고 휴대하기가 편리해 오랫동안 계산에 이용되었어요.

로마의 주판

이게 주판이야.

수업이 끝나자 삼총사는 수염이 덥수룩한 선생님에게 다가갔어.

"아까 수업 하실 때 쓰시던 글자가 숫자인가요?"

도니의 물음에 선생님이 말했어.

"그렇단다. 로마 숫자는 영어 알파벳 대문자와 같은 모양이지. 그리스 숫자를 가져와서 좀 더 발전시켰단다."

"우리 집 시계에 있는 숫자와 같은 모양이네!"

데이지가 숫자를 보며 외쳤어.

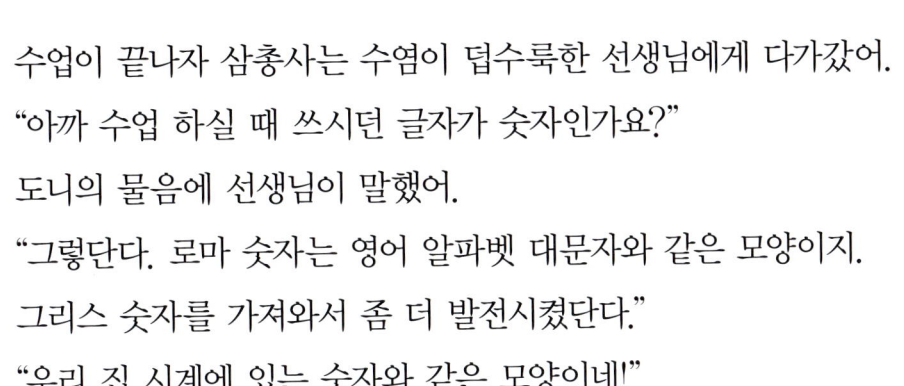

1부터 10을 써 보자.

I	1
II	2
III	3
IIII	4
V	5
VI	6
VII	7
VIII	8
IX	9
X	10

꿀꿀≲ 더 알아보기

로마 숫자

로마는 고대 그리스에서 사용하던 아티카 숫자를 이어받아 한층 더 발전시켰어요. 숫자를 반복해서 쓰는 불편을 해소하기 위해 중간 숫자를 추가했어요. 기존에 있던 숫자에 5, 50, 500을 나타내는 숫자를 만들어 사용한 거지요. 처음에는 4를 IIII로 나타냈지만 나중에는 뺄셈의 원리로 IV로 나타냈어요. 지금도 시계 등에서 로마 숫자를 볼 수 있어요.

"이번에는 아시아로 가 보자."
"좋아. 아시아에서 처음으로 문명이 일어난 중국으로 가 보자."
뚜띠빠 빠빠라.
중국 은나라로 날아가자 모래바람이 삼총사를 맞아 주었어.
"저기 봐. 아이들이 뭘 하고 있네."
삼총사가 아이들에게 다가갔어.
"앗, 뼈잖아! 뼈에 글자를 새기다니."
"혹시 식인종? 우리를 잡아서 종이 대신 쓸지도 몰라."
데이지가 겁에 질려 말했어.
"옛날에는 글자를 뼈에 새겼대. 그걸 갑골문자라고 해."
꾸리가 웃으면서 말했어.

꿀꿀은 더 알아보기

갑골문자

중국에서 확인된 첫 번째 왕조는 약 3천 년 전 은나라예요. 한자의 가장 오래된 형태인 갑골문자를 사용했지요. 거북의 등 껍데기나 동물의 뼈에 새긴 갑골문자는 점을 치는 데 주로 사용되었어요.

뚜띠빠 빠빠라.

큐브를 돌리니 중국 당나라로 왔어.

"하늘 천(天), 땅 지(地), 검을 현(玄), 누를 황(黃)……."

건물 안에서 아이들이 모여 글을 읽는 읽는 소리가 들렸어.

"당나라에는 학문을 배우러 여러 나라에서 유학을 왔대."

데이지가 아이들을 둘러보며 말했어.

이번에는 숫자를 읽는 소리가 들려 왔어.

"한 일(一), 두 이(二), 석 삼(三)……."

"어라, 우리가 쓰는 숫자랑 같네."

꿀꿀ㄹ 더 알아보기

한자로 숫자 쓰기

한자에는 1부터 9까지의 숫자와 10, 100, 1000 등 단위를 나타내는 숫자가 있어요. 20보다 작은 수를 나타낼 때는 덧셈의 원리를 이용했어요. 17은 십(十)과 칠(七)을 더해 '十七'이라고 썼지요. 20부터는 어떻게 나타낼까요? 곱셈의 원리를 이용해 20은 2와 10을 곱한 二十, 70은 7×10이니 七十으로 쓴답니다.

이번에는 어디로 가는 걸까? 큐브가 움직이기 시작했어.
"아이쿠."
땅에 떨어진 충격도 잠시, 향긋한 꽃향기가 코를 찔렀어.
"여기가 어디지? 혹시 천국인가?"
삼총사는 어리둥절한 얼굴로 주변을 둘러보았어.
꽃들이 가득한 옥상 정원이었어.
아래에서는 사람들이 바퀴 달린 수레로 진흙을 나르고 있었어.
"여기는 바빌로니아야."
아래를 내려다보며 수군거리던 삼총사에게 큐리가 말했어.
바빌로니아에서는 종이 대신 진흙으로 판을 만들어 쓰고 있었어.
진흙 판에 새겨진 쐐기 문자가 멋지게 보였어.

꿀꿀 더 알아보기

메소포타미아 문명

티그리스 강과 유프라테스 강 유역의 메소포타미아 지역에서 수메르 사람들이 고대 문명을 일으켰어요. 수메르의 전통을 바빌로니아 사람들이 이어받았어요. 바빌로니아 사람들은 엄청난 규모의 계획도시를 세우고 바퀴가 달린 운송 기구를 사용했어요. 지금도 이라크 바그다드에 옥상 정원의 흔적이 남아 있지요. 바빌로니아에서는 진흙이 흔했기 때문에 진흙 판에 다양한 기록을 남겼어요.

뚜띠빠 빠빠라.

큐브가 돌아가자 돼지 삼총사는 쿵 소리와 함께 낯선 곳으로 떨어졌어.

"위대한 태양신이시여. 제물을 기꺼이 받아 주십시오."

제물이란 말에 돼지 삼총사는 화들짝 놀랐어.

큐리가 큐브를 조금 돌리자 이번에는 수풀로 휙 날아갔어.

"휴. 하마터면 제삿밥이 될 뻔했네."

"오늘은 8박툰14카툰3툰1우이날12킨. 지금부터 제사를 지내겠소."

멀리서 제사장의 목소리가 들려 왔어.

"저게 무슨 말이야? 주문을 외우는 건가?"

삼총사가 눈을 껌뻑이고 있는데
뒤에서 갑자기 나뭇가지로 분장한 사람이 나타났어.

꿀꿀 더 알아보기

마야족

마야족은 고대 멕시코 및 과테말라 지역에서 인디오 문명을 이룩한 민족이에요. 태양을 숭배했던 마야족은 천문학과 점성술에 뛰어났어요. 360일을 한 해로, 20일을 한 달로 정해 일년에 총 18개 달이 있었어요. 900년 무렵 어떤 이유에서인지 온데간데없이 사라졌지만, 3천여 년간 찬란한 문명을 꽃피웠어요.

"오! 위대한 예언자님들이시여!"
이상하게 분장한 사람이 삼총사와 친구들에게 대뜸 큰절을 했어.
"오늘 별자리에 위대한 예언자가 오신다더니 바로 당신들이었군요."
남자는 별을 관찰해 점을 치는 마야의 천문학자이자 점술가였어.
"헤헤. 대충 그렇다고 해 두죠."
도니가 어깨를 으쓱했어.

점술가는 이상한 기호들이 그려진 달력을 꺼냈어.

"오늘의 일을 어서 기록해 두어야지."

점술가가 막대기와 점 모양으로 뭔가를 표시하는 걸 보고 꾸리가 물었어.

"뭘 쓰시는 거예요?"

"오늘 다섯 예언자가 오셨다는 것을 기록하고 있습니다. 이 막대기 모양이 5를 나타내는 숫자이지요."

자, 쉽지?

꿀꿀 더 알아보기

마야 숫자

마야에서는 점과 선으로 숫자를 나타냈어요. 기본수가 20이었기 때문에 19까지는 1과 5를 반복해 썼어요. 20보다 큰 수는 어떻게 썼느냐고요? 조개껍데기를 닮은 모양(◯)으로 0을 표시해 큰 수를 나타냈어요. 마야에서도 0을 통해 위치의 원리를 사용한 거지요.

"이제 집으로 돌아가자."

뚜띠빠 빠빠라.

큐브를 잘못 돌렸는지 삼총사가 낯선 곳에 떨어졌어.

"악마의 기호가 쓰인 옷을 입었다. 잡아라!"

사람들이 돼지 삼총사의 옷을 보더니 주위로 몰려들었어.

"악마의 기호라고?"

삼총사는 화형대로 끌려 가고 말았어.

"큐리, 어서 큐브를 돌려!"
뚜뚜띠띠빠 빠빠라아.
휙 소리가 나며 삼총사와 아이들이 다른 곳으로 이동했어.
"아휴, 타 죽는 줄 알았네. 왜 우리를 죽이려고 했던 걸까?"
"거긴 10세기 유럽이야. 그 당시 유럽에서는
인도-아라비아 숫자를 받아들이지 않았대."
큐리가 숨을 몰아쉬며 말했어.

꿀꿀's 더 알아보기

유럽의 숫자

유럽에서는 13세기 말까지 로마 숫자를 사용했어요. 아라비아 상인들이 쉽고 계산이 편리한 인도 숫자를 유럽에 전했지만, 처음에 유럽 사람들은 새로운 숫자를 순순히 받아들이지 않았어요. '악마의 기호'라 부르며 사용을 금지했지요. 인도-아라비아 숫자는 2백여 년 동안 고난을 거쳐 마침내 유럽에 받아들여졌어요. 이제는 전 세계에서 사용하는 숫자가 되었지요.

삼총사와 친구들이 떨어진 곳은 누군가의 방이었어.
방의 주인이 인기척을 느끼고는 삼총사에게 다가왔어.
"당신들은 누구요?"
"저희는 돼지삼총사예요."
"반갑소. 나는 피보나치요."
돼지 삼총사는 피보나치와 악수를 나누었어.

"아라비아 숫자에 대한 책을 쓰고 있는 참이었는데."
"아라비아 숫자라면 우리도 좀 알아요."
피보나치의 말에 도니가 아는 체를 했어.
"이렇게 과학적인 숫자는 처음 본다오.
뒤에 동그라미만 붙이면 값이 변하다니.
이 동그라미를 뭐라고 부르면 좋을지 고민이군."
"제로요?"
"브라보! 내가 하려던 말이 바로 그거요, 제로! 좋은 이름이군."
피보나치는 들뜬 얼굴로 다시 책 쓰기에 몰두했어.

꿀꿀ₛ 더 알아보기

이탈리아 수학자 피보나치

피보나치 수열로 알려진 레오나르도 피보나치(1170~1250)는 이탈리아의 수학자예요. 이집트, 그리스, 시리아 등을 여행하며 수학을 두루 섭렵해 《산반서》라는 책을 썼어요. 피보나치는 이 책에서 숫자 0에 처음으로 제로(zephirum)라는 이름을 붙여 주었어요. 유럽 사람들은 이 책을 통해 인도-아라비아 숫자의 우수성을 깨닫고 널리 사용하기 시작했지요.

"이제 진짜 집으로 돌아가자."
뚜띠빠 빠빠라.
긴 여행을 마치고 돼지 삼총사와 큐리, 어스는 집으로 돌아왔어.
"이제 모든 숫자를 배웠으니 수수께끼를 풀어 볼까?"
삼총사와 친구들은 마왕의 쪽지를 펼쳤어.

꿀꿀 더 알아보기

인도-아라비아 숫자

지금 우리가 사용하는 인도-아라비아 숫자는 1부터 9를 나타내는 기호가 달라요. 다른 숫자처럼 같은 기호를 여러 번 쓸 필요가 없지요. 그래서 쓰기가 빠르고 계산이 편리해요. 또 위치의 원리를 이용해요. 자릿수가 올라가도 새 숫자를 만들지 않고 다른 자리에 씀으로써 큰 수를 나타내지요. 위치의 원리를 가능하게 해 주는 것이 바로 숫자 0이에요. 0 덕분에 1이 10, 100 또는 그 이상의 수가 될 수 있어요.

"이 밧줄 모양은 이집트 숫자야."
쪽지를 들여다보며 꾸리가 말했어.
"이 조개껍데기 모양은 마야의 0이잖아?"
"α, β는 그리스 숫자로 1과 2야!"
돼지 삼총사와 큐리 어스가 손뼉을 쳤어.
"야호! 드디어 모든 문제를 풀었어!"
"만세! 만세!"
마침내 마왕의 수수께끼를 모두 푼 친구들의 입가에 웃음꽃이 피었어.

매틱별의 숫자를 찾을 수 있게 됐어!

용감한 돼지 삼총사와 떠나는 창의적 수학 교과서
돼지학교 수학

돼지학교 수학 시리즈는 초등 수학의 다섯 가지 영역인 수와 연산, 도형, 측정, 규칙성, 확률·통계의 기초를 다지면서 여러 가지 현상과 생활이 연결된 수학적 의미와 수학의 역사, 수학자 이야기, 생활 속 수학 등을 스토리텔링 방식으로 익힐 수 있게 구성된 수학 책입니다. 돼지 삼총사와 함께 떠나는 신 나는 수학 여행! 그 속에서 여러 가지 미션을 수행하며 자연스럽게 창의적 문제해결 능력을 키울 수 있습니다.

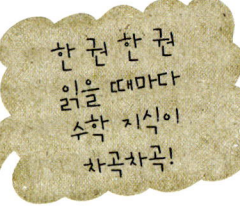

한 권 한 권 읽을 때마다 수학 지식이 차곡차곡!

실생활 속 숨어 있는 수학 원리가 머리에 쏙쏙!

돼지 삼총사와 떠나는 모험으로 수학적 문제해결 능력이 쑥쑥!

① 숫자의 탄생　⑥ 다양한 연산법　⑪ 측정의 단위　⑯ 비와 비율
② 고대 숫자　　⑦ 평면도형　　　⑫ 시간과 시각　⑰ 집합
③ 약수와 배수　⑧ 입체도형　　　⑬ 통계와 그래프　⑱ 자연 속 수학
④ 분수와 소수　⑨ 다각형　　　　⑭ 확률　　　　　⑲ 예술 속 수학
⑤ 계산의 역사　⑩ 원　　　　　　⑮ 함수　　　　　⑳ 역사 속 수학

용감한 돼지 삼총사와 떠나는 창의적 융합과학 교과서
돼지학교 과학

초등 과학을 한 번에 쏙!

초등 과학의 네 가지 영역인 생명, 지구와 우주, 물질, 운동과 에너지 분야를 모두 학습할 수 있도록 구성되었습니다. 꼭 알아야 할 초등 과학 지식을 주제별로 한 권에 하나씩 담아 초등 과학 과정 전체를 선행 학습할 수 있게 도와줍니다.

① 똥 속에 빠진 돼지 소화와 배설
② 우주로 날아간 돼지 태양계와 별
③ 물 속에 빠진 돼지 물의 순환
④ 빛 속으로 날아간 돼지 빛과 소리
⑤ 뇌 속에 못 들어간 돼지 뇌의 구조와 기능
⑥ 뼈 속까지 들여다본 돼지 뼈의 구조와 기능
⑦ 달에 착륙한 돼지 지구와 달
⑧ 구름을 뚫고 나간 돼지 날씨와 기후 변화
⑨ 줄기 속으로 들어간 돼지 식물의 종류와 한살이
⑩ 개미지옥에 빠진 돼지 곤충의 한살이
⑪ 갯벌을 찾아 나선 돼지 갯벌의 동식물과 생태
⑫ 자동차 속으로 들어간 돼지 교통수단의 발달과 원리
⑬ 미생물을 먹은 돼지 미생물의 종류와 하는 일
⑭ 땅속을 뚫고 들어간 돼지 지층과 화석
⑮ 알을 주워 온 돼지 알과 껍데기
⑯ 열 받은 돼지 핵과 에너지
⑰ 로켓을 버리고 날아간 돼지 로켓과 우주선
⑱ 고래를 따라간 돼지 고래의 종류와 생태
⑲ 마술 부리는 돼지 산과 염기
⑳ 로봇 속으로 들어간 돼지 로봇의 원리와 하는 일

다양한 모험 속에서 돼지 삼총사가 여러 가지 미션을 수행하는 과정을 통해 초등 과학 지식뿐만 아니라, 어린이들이 그 지식을 바탕으로 좀 더 깊고 넓게 학습할 수 있는 자발적 과학 탐구력까지 길러 줍니다.

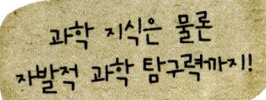
과학 지식은 물론 자발적 과학 탐구력까지!

전문가의 손길이 닿은 정확한 내용

한 권 한 권마다 그 분야 전문가들의 철저한 감수를 통해 정확한 과학 지식만을 전달하고 있습니다.